À midi,
Câlinou
Câlinette,
Un bisou
Une serviette !

Sur **la joue**
C'est tout doux,
Sur **l'épaule**
C'est plus drôle !

Quand on sort
Jouer dehors,
Câlinou
Câlinette,
Un bisou
Sur **le genou**
C'est pas bête !

Au goûter,
Un bisou
Sur **le nez.**

Câlinou
Câlinette,
Dans **le cou**
Mignonnette !

Dans le bain,
Deux bisous
Sur **la main.**

Câlinou
Câlinette,
Et **menton**
Barbichette !

En pyjama,
Un bisou
Sur **le bras.**

Câlinou
Câlinette,
Et coucou
Galipettes !

Au coucher,
Un bisou
Sur **le pied.**

Câlinou
Câlinette,
Et doudou
Sous la couette !

Bonne nuit
Ma chérie !

Câlinou
Câlinette,
Et bisou
D'alouette !

Câlinou câlinette

Catherine Leblanc
Laurent Richard

l'élan vert

Les câlins
Du matin,
C'est la fête !

Câlinou
Câlinette,
Un bisou
Sur **la tête !**

Pour mes câlines
Clémence et Louane.

C. L.

Un gros câlin à Léa,
et une bise à sa maman
et à son papa !

L. R.

Collection :

ROUDOUDOU

www.elanvert.fr
Dépôt légal janvier 2012,
Bibliothèque nationale.
978-2-84455-212-9
Imprimé en Chine par
Loi n° 49-956 du 16 juillet 1949
sur les publications destinées à la jeunesse.